108 ensinamentos da Amma sobre o amor

108 ensinamentos da Amma sobre o amor

Publicado por:

Mata Amritanandamayi Center
P.O. Box 613
San Ramon, CA 94583
Estados Unidos

———————— 108 Quotes on Love (Portuguese) ————————

Primeira edição por MA Centro de abril 2016

No Brasil: www.ammabrasil.org

Em Portugal: www.ammaportugal.org

Em Índia:
www.amritapuri.org
inform@amritapuri.org

1

O amor é nossa verdadeira essência. O amor não tem limitações de casta, religião, raça ou nacionalidade. Somos todos contas unidas sob o mesmo fio do amor. Despertar essa unidade e propagar o amor que é intrínseco à nossa natureza é o verdadeiro objetivo da vida humana.

2

'Eu realmente estou apaixonado ou sou muito apegado?' Medite sobre essa pergunta o mais profundamente que puder. Muitas pessoas almejam o apego, não o verdadeiro amor. De certa forma, estamos traindo a nós mesmos. Confundimos apego com amor. O amor é o centro e o apego é a borda. Tenha como meta o centro.

3

Abeleza se encontra no coração. Amar a todos verdadeiramente embeleza as pessoas, engrandecendo tanto o doador quanto o recebedor. A beleza dos nossos olhos não está no delineador, mas sim em um olhar cheio de compaixão. O sorriso que ilumina um rosto transbordando de amor é o mais bonito do mundo todo.

4

A maioria de nós está sempre pensando sobre as perdas da vida. Esquecemos o maior ganho que podemos ter — que é o amor. Permita que sua mente se abra totalmente e você experimentará o amor com todo o seu perfume e sua beleza.

5

O amor é a base para uma vida feliz, mas consciente ou inconscientemente, nos esquecemos dessa verdade. Quando não expressamos amor em nossas palavras ou ações, é como o mel aprisionado em uma pedra – sem qualquer utilidade. Quando as famílias forem capazes de expressar amor entre si, a paz e a harmonia prevalecerão no lar e na sociedade.

6

Quando você vê o outro como vê a si mesmo, não existe individualidade. A compaixão é o idioma que os cegos podem ver e os surdos conseguem escutar. Estender a mão para uma alma negligenciada, alimentar os famintos, olhar para as pessoas tristes e abatidas com compaixão — esse é o idioma do amor.

7

Se colocarmos nosso coração e nossa alma em uma atividade, ela se transformará em uma incrível fonte de inspiração. A presença de luz e vida é perceptível no resultado de um gesto feito com amor. Essa realidade do amor preenche a mente das pessoas com imensa atração.

8

Por trás de todos os grandes e inesquecíveis acontecimentos, está o coração. O amor e as atitudes de generosidade estão por trás de todos os verdadeiros grandes feitos. Por trás de qualquer boa causa, você encontrará alguém que renunciou a tudo e dedicou a vida a isso.

9

Quando percebermos que toda forma de amor — seja do marido, da esposa, do filho, de um animal para o seu filhote ou de uma planta — vem de uma única fonte divina, então nosso amor começará a irradiar luz e frescor assim como o luar. Cultivar esse entendimento trará harmonia a nossas vidas.

10

Encontre sua harmonia interior, aquela bonita canção de vida e amor. Vá até os que sofrem e ajude-os. Aprenda a colocar os outros antes de si mesmo. Mas ao ajudar o próximo, não se apaixone pelo seu próprio ego. Seja o mestre da sua mente e do seu ego. Considere a todos, pois cada um é um portal para o seu próprio Ser Superior.

11

O trabalho pode ser exaustivo e acabar com a nossa energia, mas o amor nunca é cansativo ou entediante. O amor preenche nossos corações com mais e mais energia. Torna tudo eternamente novo e fresco. Quando nossa existência está enraizada no amor puro, como conseguiremos ficar entediados? O tédio só surge com a ausência de amor. O amor enche a vida constantemente com novidades.

12

Se há amor verdadeiro, nada mais é necessário. O amor por si só conduz à completa absorção. Ao desenvolver o amor e almejarmos o objetivo, automaticamente perdoaremos e esqueceremos; seremos capazes de absorver as atitudes de sacrifício.

13

Quanto mais dedicado você for, mais aberto se tornará. Quanto mais aberto permanecer, mais amor experimentará. Quanto mais amor der, mais graça receberá. É essa graça que o levará à meta.

14

O amor puro é uma constante renúncia — renunciar tudo que pertence a você. Contudo, o que realmente pertence a você? — Apenas o ego. O amor consome em suas chamas todas as ideias preconcebidas, preconceitos e julgamentos — todas as coisas que provêm do ego.

15

Perceba que a infinita alegria está dentro de seu próprio Ser. Quando o amor que está dentro de você se expressar nas atividades externas, você experimentará a verdadeira felicidade.

16

Quando você está feliz, seu coração está aberto e o amor divino pode fluir a você. Quando o amor é consagrado interiormente, você então é feliz. É um ciclo; a felicidade internaliza o amor e o amor lhe permite ser feliz.

17

Se mergulharmos profundamente dentro de nós mesmos, descobriremos que o mesmo fio de amor universal une todos os seres juntos. É o amor que une tudo.

18

Uma gota de água não pode ser chamada de rio; um rio é formado por muitas gotas correndo juntas. É a união dessas incontáveis gotas que cria o fluxo. Juntos, somos uma força, uma força indestrutível. Quando trabalhamos juntos, de mãos dadas, com amor, não é só a força de uma vida, mas a energia da vida do coletivo que flui em harmonia, desimpedida. Desse constante fluxo de unidade, veremos o nascimento da paz.

19

Quando passar por um momento difícil na vida, é bom lembrar a si mesmo: "Eu não espero qualquer amor das outras pessoas, porque eu não sou alguém que precisa ser amado pelos outros. Eu sou o amor. Sou uma fonte inesgotável de amor que sempre dará amor e nada mais que amor para todos que vierem a mim".

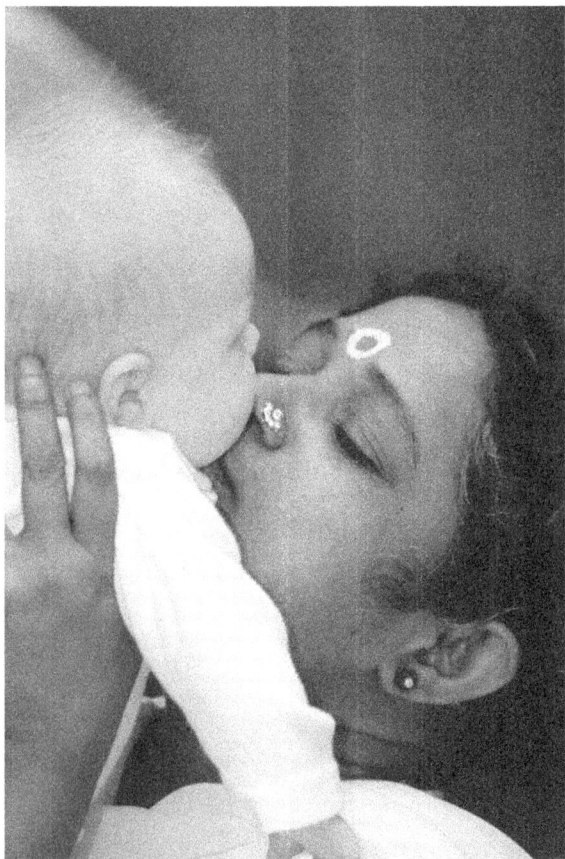

20

O amor verdadeiro não pode ser recusado. Pode-se apenas recebê-lo com o coração aberto. Quando uma criança sorri, seja ela filho de um amigo ou de um inimigo, é impossível se conter e não sorrir de volta, pois o amor de uma criança é tão puro e inocente. O amor puro é como uma linda flor com um perfume irresistível.

21

O poder do amor puro é infinito. No verdadeiro amor, o indivíduo vai além do corpo, da mente e de todos os medos. O amor é o fôlego da alma. É a força da nossa vida. O amor puro, inocente torna tudo possível. Quando o coração está cheio da energia pura do amor, até a tarefa mais impossível é tão fácil quanto colher uma flor.

22

Quanto mais amor você dá, mais divindade se manifesta de dentro de você. Assim como a água de uma fonte perene nunca seca, não importa o quanto tirarmos dela, quanto mais bondade damos, mais ela aumenta.

23

A vida e o amor não são coisas separadas; são inseparáveis, assim como uma palavra e o seu significado. Nós nascemos em amor, conduzimos essa vida com o amor e finalmente, nos fundimos com o amor. A verdade é que não existe um fim para o amor. Apenas pelo amor, a vida pode brotar e florescer. Como o amor é parte da nossa natureza, não existe manifestação de nenhum tipo sem o seu poder por trás.

24

O amor pode realizar qualquer coisa. Não existe nenhum problema que o amor não possa solucionar. Ele pode curar doenças, cicatrizar corações feridos e transformar mentes. Através do amor, pode-se superar todos os obstáculos. O amor pode nos ajudar a renunciar todas as tensões físicas, mentais e intelectuais, nos trazendo paz e felicidade. O amor é a ambrosia que acrescenta beleza e encanto à vida.

25

O amor é uma religião universal. É o que a sociedade realmente precisa. Ele deveria ser expressado em todas as nossas palavras e ações. O amor e os valores espirituais recebidos dos pais são os princípios mais fortes que um filho precisa para enfrentar as diversas provações da vida adulta.

26

Em uma relação perfeita entre a humanidade e a natureza, um campo de energia circular se cria, no qual ambos começam a fluir um ao outro. Quando nós, seres humanos, nos apaixonamos pela natureza, ela se apaixona por nós. Ela para de esconder as coisas de nós. Abrindo seu infinito tesouro, ela nos permite aproveitar de suas riquezas. Como uma mãe, ela nos protege, alimenta e nutre.

27

Quando amamos o outro sem nenhuma expectativa, não precisamos ir a lugar nenhum em busca do paraíso. O amor é a base de uma vida feliz. Assim como nossos corpos precisam de alimento adequado para viverem e crescerem, nossas almas são nutridas pelo amor.

28

Nós não podemos mudar a natureza dos outros através do ódio. Apenas o amor pode mudá-los. Compreenda isso e tente ter compaixão e amor por todos. Tenha compaixão até por aqueles que o irritam. Tente rezar por eles. Uma atitude como essa ajudará a sua mente a permanecer tranquila e calma. Conforme alguém muda para melhor, os padrões de ação e reação se soltam e o coração se abre mais para aspectos positivos como o perdão, a tolerância e a harmonia.

29

É através da partilha altruísta que a flor da vida se torna bela e perfumada. Quando uma flor desabrocha, seu doce perfume se espalha por toda parte. Da mesma forma, quando o amor desinteressado desperta dentro de nós, flui para o mundo como um rio.

30

Dentro de você, há uma fonte de amor. Explore-a do jeito certo e a energia divina do amor irá encher o seu coração, se expandindo infinitamente. Você não pode fazer isso acontecer; pode apenas criar essa atitude certa dentro de você e isso irá acontecer naturalmente.

31

O verdadeiro amor existe no coração. Esse amor não pode ser falado ou colocado em palavras. Palavras pertencem ao intelecto. Vá além das palavras e do idioma ao coração. Quando realmente se ama, sua mente se torna vazia; deixa-se de pensar — sem pensamentos, sem a mente, nada. Apenas o amor permanece.

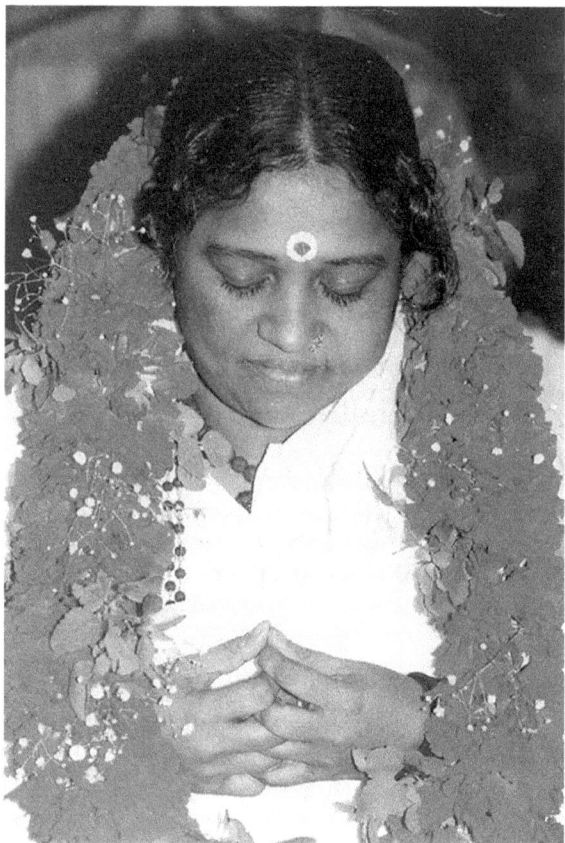

32

O amor e a beleza estão dentro de você. Tente expressá-los através das suas ações e você definitivamente tocará a verdadeira fonte de bem-aventurança.

33

Faça o seu trabalho e cumpra suas tarefas com todo o coração. Tente trabalhar de forma altruísta e com amor. Quando você se der a tudo que fizer, sentirá e experimentará a beleza e o amor em todas as suas ações.

34

O objetivo da espiritualidade é transformar nosso amor limitado em amor divino. Portanto, devemos focar no que podemos dar para os outros e não no que podemos obter para nós mesmos. Isso trará uma grande transformação em nossas vidas.

35

Seja o amor espiritual ou mundano, o amor permanece sendo o amor. A diferença está apenas na profundidade e no grau. O amor espiritual não tem limites ou fronteiras, enquanto o amor mundano é superficial e limitado. Desperte para a sabedoria: "Eu sou o Eu Supremo; eu sou ilimitado e tenho potencial infinito dentro de mim."

36

Se o sol brilhar em milhares de diferentes potes cheios com água, os reflexos serão muitos, mas estarão refletindo o mesmo sol. Da mesma forma, se nós conhecermos quem realmente somos, veremos a nós mesmos em todas as pessoas. Quando esse entendimento é alcançado, aprendemos a considerar os outros sem olhar suas fraquezas. A partir daí, o amor puro despertará de dentro de nós.

37

O amor despertado pela maternidade é um amor e uma compaixão sentidos não só pelo seu próprio filho, mas por todas as pessoas, animais, plantas, pedras e rios – é o amor aberto a toda a natureza, a todos os seres. Qualquer um, mulher ou homem, que tenha coragem para superar as limitações da mente, consegue atingir esse estado de maternidade universal.

38

O amor não pode conter dois. Ele apenas contém um. Na lembrança constante e dedicada do amor, "você" e "eu" desaparecem e se dissolvem. Apenas o amor permanece. O universo inteiro está contido nesse amor puro, indivisível. O amor é infinito; nada pode ser excluído dele.

39

A dificuldade não está em expressar amor, mas em deixar partir o ego. O amor é a nossa verdadeira natureza. É algo que está sempre presente em nós, mas ficamos presos pelos nossos limites individuais. Temos que superar nossa individualidade para nos fundirmos com o amor universal. O ego sempre fica no caminho do amor. A partir do momento que ele é removido, fluímos como um rio.

40

Seu coração é o verdadeiro templo. É preciso colocar Deus lá. Bons pensamentos são flores para serem oferecidas; boas ações são adoração; boas palavras são cânticos devocionais. O amor é a oferenda divina.

41

Há uma fome insaciável no amor puro. Pode-se ver e experimentar essa intensa fome até mesmo no amor mundano, mas no amor espiritual essa intensidade atinge o seu máximo. Em um verdadeiro buscador, o amor se torna como um incêndio florestal, mas ainda mais intenso. Todo o nosso ser queima com a intensidade do fogo do amor. Nesse fogo ardente, nós mesmos nos consumimos e então nos fundimos completamente com Deus.

42

O amor não é algo que pode ser ensinado por alguém ou aprendido em algum lugar, mas na presença do mestre perfeito podemos senti-lo e no seu devido tempo, desenvolvê-lo. Isso porque o Satguru (Guru verdadeiro) cria as circunstâncias necessárias para o amor crescer dentro de nós. As situações criadas pelo Guru serão tão bonitas e inesquecíveis que apreciaremos esses preciosos e inestimáveis momentos. Eles permanecerão como doces memórias para sempre.

43

Incidentes criados pelo Guru formarão uma corrente de memórias emocionantes que produzirão ondas e ondas de amor dentro de nós, até que finalmente haverá apenas amor. Através dessas circunstâncias, o Guru roubará nosso coração e nossa alma, nos preenchendo com amor puro e inocente.

44

Existe "amor" e Amor. Você ama sua família: seu pai, sua mãe, irmã, irmão, marido, esposa etc., mas não ama o seu vizinho. Você ama o seu filho ou sua filha, mas você não ama todas as crianças. Ama a sua religião, mas não ama todas as religiões. Da mesma forma, você tem amor pelo seu país, mas não ama todos os países. Portanto, isso não é Amor; é apenas "amor". A transformação desse "amor" em Amor é o objetivo da espiritualidade.

45

O amor acontece apenas como uma súbita ascensão no coração; como uma inevitável saudade de alguém. Ninguém pensa como amar ou quando e onde amar. O pensamento racional atrapalha o amor. O amor vai além da lógica, então não tente ser racional em relação ao amor. É como tentar encontrar razões pelas quais o rio corre, a brisa é fresca e leve, a Lua brilha, o céu é enorme, o oceano é vasto e profundo ou as flores são perfumadas e bonitas. A racionalização mata a beleza e o encanto dessas coisas. Elas devem ser apreciadas, experimentadas, amadas e sentidas. Se você for racional em relação a elas, perderá a beleza e o encanto dos sentimentos que o amor evoca.

46

A responsabilidade de uma mãe não pode ser menosprezada. A mãe tem uma influência enorme sobre seus filhos. Quando vemos pessoas felizes e tranquilas, crianças com qualidades nobres e boa disposição, homens que têm imensa força quando encaram o fracasso e situações adversas, pessoas que possuem grande capacidade de compreensão, empatia, amor e compaixão pelos sofredores, e aqueles que se doam aos outros, geralmente encontraremos uma ótima mãe que inspirou essas pessoas a se tornarem quem são.

47

Mães são as que mais podem plantar as sementes do amor, da afinidade universal e da paciência em nossas mentes. Há uma ligação especial entre mãe e filho. As qualidades inerentes da mãe são passadas para o filho até mesmo pelo leite materno. A mãe compreende o coração do filho, ela verte seu amor ao filho, ensina as lições da vida e corrigi os seus erros.

48

Que a árvore da nossa vida esteja firmemente enraizada no solo do amor. Que as boas ações sejam as folhas dessa árvore. Que palavras de bondade formem suas flores e que a paz seja seus frutos. Que possamos crescer e nos desenvolver como uma família unida em amor.

49

Encontrar seu verdadeiro Ser Superior e amar a todos igualmente são a mesma coisa. Apenas quando você aprender a amar a todos igualmente, a verdadeira liberdade surgirá. Até lá, você está preso; você é o escravo de seu ego e da mente.

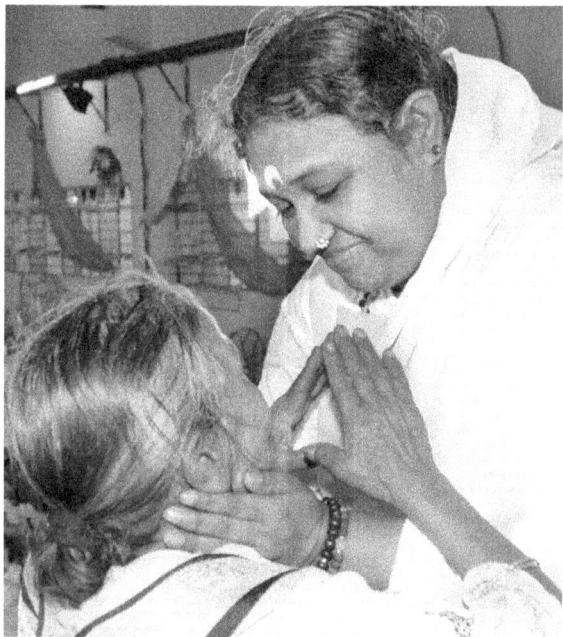

50

Assim como o corpo precisa de alimento para sobreviver e crescer, a alma precisa de amor. O amor infunde uma força e vitalidade que nem mesmo o leite materno pode oferecer. Todos nós vivemos e desejamos o amor real. Nascemos e morremos em busca desse amor. Filhos, amem ao próximo e unam-se neste amor puro.

51

Ninguém ama mais alguém do que ama a si próprio. Por detrás de todo amor está uma busca egoísta de sua própria felicidade. Quando não obtemos a felicidade que esperamos de um amigo, nosso amigo se torna nosso inimigo. Isso é o que se vê no mundo. Apenas Deus nos ama de forma abnegada. É apenas através do amor de Deus que podemos aprender a amar e a servir os outros de maneira desinteressada.

52

O amor puro é o melhor remédio para o mundo moderno. Isto é o que está faltando em todas as sociedades. A raiz de todos os problemas, desde o pessoal até o global, é a ausência de amor. O amor é o fator aglutinador, a força unificadora em tudo. O amor cria sentimentos de unidade e unicidade entre as pessoas, enquanto o ódio e o egoísmo provocam divisão e destroem em pedaços a mente das pessoas. O amor deve governar. Não há qualquer problema que o amor não possa resolver.

A fim de desenvolver o amor, uma pessoa deve estar em um local adequado para que o amor cresça. Viver na presença de um Mestre perfeito é a melhor forma de desenvolver amor. O Guru o ajuda criando as circunstâncias necessárias para encher seu coração de amor. Essas circunstâncias não são apenas externas, mas também internas. O Guru trabalha diretamente com as vasanas (tendências latentes) do discípulo, que representam os principais obstáculos ao caminho do amor.

54

O crescimento real ocorre na unidade que nasce do amor. O leite que flui do seio de uma mãe alimenta o bebê e fornece ao seu corpo força e vitalidade, permitindo que todos os órgãos cresçam de forma saudável e proporcional. Mas não é apenas o leite que flui do seio da mãe, é o calor, o amor e a afeição da mãe na forma de leite. De forma similar, o amor é o "leite materno" que ajuda a sociedade a crescer como um todo. O amor proporciona a força e vitalidade necessárias que possibilitam que a sociedade cresça sem divisão.

55

Os Mahatmas são as pontes que nos ligam a Deus. Eles não rejeitam nada. São como um rio, recebem e aceitam tudo da forma como flui. O prazer e a dor são como as duas margens da vida. Os Mahatmas aceitam ambas as margens com equanimidade e seguem adiante. Ao mesmo tempo, estão além dos pensamentos e emoções. Estão ligados a todos, mas não estão presos a nada. Um coração que esteja pleno de amor e fé facilmente criará uma ligação com esses Mahatmas.

56

Os poderes da fé inquebrantável e do amor inocente podem penetrar em domínios onde o intelecto e a lógica não podem entrar.

57

Você apenas pode sentir amor expressando-o. A razão pela qual praticamos a espiritualidade é para aprender como perdoar os outros pelos seus erros e a amá-los ao invés de rejeitá-los. Qualquer um pode rejeitar as pessoas, mas aceitar a todos é difícil. Por meio do amor podemos conduzir os outros do erro ao acerto, mas se renegarmos alguém por seus erros, a pessoa poderá continuar a cometê-los.

58

Amamos os outros porque nos dão felicidade ou porque realizam nossos desejos, obedecendo-nos, respeitando-nos ou porque têm uma boa opinião sobre nós. Caso contrário, não os amaremos. Se alguém nos odeia, a vingança com frequência toma o lugar do amor. Isso ocorre até mesmo com aqueles mais próximos a vocês. Se o desobedecerem ou o desrespeitarem, vocês poderão não amá-los. Onde há amor verdadeiro, não há egoísmo. Devemos ser capazes de amar sem esperar nada de ninguém.

59

Quando não há mais aversão ou hostilidade - isso é amor. Quando todas as aversões desaparecem da mente, esta se transforma em amor. Torna-se como o açúcar: qualquer um pode chegar e comê-lo, desfrutando da doçura sem ter que dar nada em troca. Quando você pode amar e servir a humanidade, se torna alimento para o mundo.

60

Filhos, o amor divino é nossa verdadeira natureza. Brilha em cada um e em todos nós. Quando seu coração está pleno de amor inocente, vocês estão ausentes; o ego está ausente. Neste estado, apenas o amor está presente; a individualidade desaparece e você se torna uno com Deus.

61

Quando uma criança oferece algo, não se deve recusar porque o amor de uma criança é imaculado e puro. Quando se reside no amor autêntico e inocente, não há sentimentos duais como pureza ou impureza, bom ou mau, e assim por diante. Há apenas amor. O amor puro não pode ser recusado.

62

O amor simplesmente flui. Quem desejar se jogar e mergulhar nele será aceito como é. Não há qualquer termo ou condição. Se você não desejar se lançar, o que o amor pode fazer? O rio permanece onde está. Ele nunca diz: "Não". Está constantemente dizendo: "Sim, sim, sim".

63

Quando você se abrir, descobrirá que o sol sempre brilhou e o vento sempre soprou carregando a fragrância doce do amor divino. Não há qualquer condição; nenhuma força é usada. Permita simplesmente que a porta de seu coração se abra e você descobrirá que ela nunca esteve trancada. Esta porta sempre esteve aberta, mas em sua ignorância você pensava que estivesse fechada.

64

O amor verdadeiro surge apenas quando todos os apegos às pessoas, aos objetos e todos os interesses desaparecem. Então, a batalha se torna um lindo jogo de serviço abnegado, ampliando-se para toda a raça humana com amor e compaixão. Nessa luta, seu ego não lutará, mas o amor lutará para consumir o ego e transformá-lo em amor. A sombra do medo desaparece apenas diante da luz do amor.

65

Nessa era de intelecto e razão, a era da ciência, esquecemo-nos dos sentimentos do coração. Uma expressão comum em todo o mundo é "Estou caído de amor". Sim, caímos em um amor arraigado em egoísmo e materialismo. Somos incapazes de despertar e nos erguer em amor. Se tivermos que cair, que seja da cabeça ao coração. Erguer-se em amor - isso é espiritualidade.

66

Quando temos amor por algo, um fluxo incessante e inquebrantável de pensamentos flui na direção daquele objeto. Nossos pensamentos são apenas sobre aquilo. Assim, para amar realmente precisamos de concentração, e para nos concentrarmos verdadeiramente, precisamos amar o objeto, seja ele qualquer for. Um não pode existir sem o outro. Um cientista que faz experimentos em um laboratório precisa de muita concentração. De onde vem esta concentração? De seu interesse intenso e profundo naquele tema. De onde vem este profundo interesse? É o resultado do amor intenso que ele tem por este assunto ou área de estudo em particular. De modo oposto, se uma pessoa se concentrar intensamente em um assunto, o amor por ele também se desenvolverá.

67

Devemos tentar ver a natureza das coisas como são. A natureza de qualquer coisa, seja um objeto ou uma pessoa, não pode ser diferente do que é. Se compreendermos isso, podemos verdadeiramente responder ao invés de reagir. Através de nossa raiva não podemos mudar a natureza dos outros. Apenas o amor pode mudá-los. Compreenda isso e ore para o bem das pessoas com empatia e amor. Tente ser compassivo, mesmo com aqueles que o fazem sofrer. Tal atitude ajudará sua mente a ficar calma e em paz. Essa é a resposta genuína.

68

O que é impuro deve se tornar puro. Toda a impureza deve se dissolver e desaparecer no calor provocado pela dor da separação e pelo desejo do amor de Deus. Este sofrimento é conhecido como tapas. As gopis se tornaram totalmente identificadas com Krishna através desta dor. A angústia delas era tão torturante e dolorosa que a individualidade desapareceu completamente e elas se fundiram ao amado Krishna. A impureza é causada pelos sentimentos de "Eu" e "meu", que são o ego. O ego só pode ser erradicado se alguém queimá-lo na fornalha do amor.

69

O amor verdadeiro é vivido quando não há qualquer condição. Onde o amor está presente, nada pode ser forçado; a força é usada quando percebemos os outros como sendo diferentes de nós mesmos. O amor condicional não pode existir onde há apenas unidade. A simples ideia de força desaparece neste estado. Então, você simplesmente é. A energia da vida universal flui através de você quando você se torna uma passagem aberta. Deixe que a Consciência Suprema assuma, removendo obstáculos ao seu fluxo, permitindo que o rio do amor universal permaneça em seu curso.

70

No amor autêntico não há apego. É preciso transcender todos os sentimentos humanos triviais a fim de alcançar o Amor Supremo. Em outras palavras, o amor surge apenas quando o desapego aparece. O amor envolve uma tremenda quantidade de autossacrifício. Em certos pontos poderá causar grande dor, mas o amor autêntico sempre culmina em bem-aventurança eterna.

71

No amor puro não há peso. Nada pode ser um peso quando há amor sem desejo. O amor verdadeiro pode carregar todo o Universo sem sentir qualquer peso. A compaixão pode carregar nos ombros o sofrimento do mundo inteiro sem sentir a menor dor.

72

Deus é o único que realmente nos ama sem esperar nada em troca. Filhos, mesmo se todas as criaturas de todo o mundo nos amassem, não seria igual a nem mesmo uma fração do amor que experimentamos de Deus a cada segundo. Não há outro amor que possa se comparar ao amor de Deus.

73

No estágio final do amor, o amante e o amado tornam-se uno. Mas além disso, há um estado onde não há amor, amante ou amado. Este o estado supremo de Amor está além da expressão. É aí aonde o Mestre o conduz ao final.

74

Uma linda melodia saindo de uma flauta não pode ser encontrada nem na flauta nem nas pontas do dedo do flautista. Você poderia dizer que a melodia vem do coração do compositor, mas ainda assim, se abrir o coração do compositor para procurar, não a encontraria lá também. Qual é então a fonte original da música? A fonte está além, emerge do Paramatman (Ser Superior Supremo), mas o ego não reconhece este poder. Apenas se você aprender a funcionar a partir do coração poderá realmente ver e sentir o poder de Deus em sua vida.

75

Uma flor não precisa de instruções sobre como florescer. Nenhum professor de música ensina o rouxinol a cantar. É espontâneo. Não há força envolvida; acontece naturalmente. De forma similar, na presença de um grande Mestre o botão fechado de seu coração se abre. Você se torna receptivo e inocente como uma criança. O Mestre não lhe ensina nada; você aprende tudo sem ser ensinado. A presença do Mestre, a própria vida dele, é o maior ensinamento de todos. Não há qualquer controle ou força envolvida; tudo acontece naturalmente e sem esforço. Apenas o amor pode criar este milagre.

76

Um rishi (santo) nunca cria divisão na vida. Isso o torna verdadeiramente capaz de amar porque ele se aprofundou nos mistérios de seu próprio Ser Superior, o verdadeiro centro da vida e do amor. Ele sente a vida e o amor em todos os lugares. Para ele, não há nada, apenas vida e amor brilhando abertamente com esplendor e glória. Assim, ele é o "verdadeiro cientista". Ele experimenta o laboratório interno de seu próprio ser e sempre permanece no estado de amor unificado.

77

Quando não há qualquer desejo, não há sofrimento. Devemos ser capazes de amar a todos sem esperar nada em troca. Não é fácil amar a todos, mas pelo menos devemos tentar não nos zangarmos com as pessoas ou machucá-las. Você pode começar a partir deste nível. Imagine que cada pessoa é enviada por Deus, e poderá ser bondoso e amoroso com todos.

78

Uma pessoa espiritualizada deve ser tornar como o vento. Sentir a unidade da vida amplia nossas mentes, expande nossos corações e espalha o amor a toda a criação. O primeiro requisito, juntamente com a lembrança de Deus, é amar a todos e a tudo, os seres scientes e os não scientes. Se tivermos essa grandeza de coração, a liberação não estará longe.

79

O amor puro transcende o corpo. É algo entre corações; não tem nada a ver com corpos. Quando há amor verdadeiro, não há barreiras e não há limitações. Embora o sol esteja distante, a flor de lótus ainda floresce em seu esplendor. No verdadeiro amor, não há distância.

80

O amor é o único idioma que qualquer ser vivo pode entender. É universal. A paz e o amor são os mesmos para todos. Como o mel, o amor é sempre doce. Seja como a abelha que coleta o néctar de amor aonde vai. Busque a bondade em todos e em tudo.

Há três expressões de amor que nos despertam interiormente: o amor por si mesmo, o amor por Deus e o amor por toda a criação. O amor por si mesmo não significa o amor autocentrado do ego. Significa o amor à vida, encarar tanto os sucessos quanto as falhas em nosso nascimento humano como bênçãos de Deus, amando o poder divino inerente dentro de nós. Isso se desenvolve e se torna amor a Deus. Se estes dois componentes estiverem presentes, então o terceiro, o amor por toda a criação, se manifestará naturalmente.

82

Apenas o coração pode guiar uma pessoa, mas o coração tem sido esquecido. Na realidade, o amor não tem qualquer forma. Apenas quando o amor flui constantemente através de uma pessoa, assume a forma que podemos experimentar, caso contrário, não é possível. Quando o coração de alguém está cheio de amor e compaixão, seu próprio coração espontaneamente se abrirá como uma flor se abrindo. O botão fechado de seu coração se abre na presença do amor.

83

O amor não pode ser forçado. O amor é a presença da consciência pura; esta presença não pode ser forçada. Simplesmente é. A energia do amor puro está dentro de você; precisa apenas ser despertada.

84

O espírito do amor mundano não é constante. Seu ritmo flutua; vem e vai. O começo é sempre bonito e entusiástico, mas lentamente torna-se menos bonito e menos entusiasmado, até que termina se tornando superficial. Na maioria dos casos, o amor mundano termina em tristeza, ódio e profundo sofrimento. Ao contrário, o amor espiritual é tão profundo quanto um poço sem fundo; sua profundidade e expansividade não podem ser medidas.

85

O amor espiritual é diferente do amor mundano. No início é bonito e tranquilo. Logo após esse início calmo surge a agonia do desejo. Durante o período intermediário, a agonia continuará a se tornar cada vez mais forte e mais insuportável. Uma dor martirizante ocorre, e esta dor do desejo permanecerá até pouco antes de alcançar a unidade com o amado. Esta unidade é cada vez mais inexprimivelmente bela do que o início do amor. O amor deste tipo nunca morre ou se reduz. O amor espiritual está sempre vivo, tanto interna quanto externamente; é constante e a cada momento vive-se em amor.

86

O amor o absorverá. Ele o dilapidará totalmente até que não exista mais "você" e exista apenas amor. Todo o seu ser será transformado em amor. O amor espiritual culmina na unidade, na unicidade.

Deus reside profundamente em nossos corações como inocência e amor puro. Devemos aprender a amar a todos igualmente e a expressar este amor, porque na essência somos todos um, um Atman, uma alma. O amor é a face de Deus.

88

A essência da maternidade não é restrita às mulheres que dão à luz; é um princípio inerente tanto aos homens quanto às mulheres. É uma atitude mental. É amor - e esse amor é a verdadeira força da vida. Quando nosso espírito de maternidade universal está desperto, o amor e a compaixão por todos fazem parte de nosso ser tanto quanto o respirar.

89

O amor tudo sustenta. Se penetrarmos profundamente em todos os aspectos e áreas da vida, descobriremos que oculto por detrás de tudo está o amor. Descobriremos que o amor é o poder, a energia e a inspiração por detrás de cada palavra e cada ação.

90

Quando aprendermos a amar a todos igualmente, a liberdade genuína surgirá. Sem amor não pode haver liberdade e sem liberdade, não há amor. A liberdade eterna pode ocorrer apenas quando toda a negatividade tiver sido eliminada. Neste estado de amor universal a perfumada flor da liberdade e da bem-aventurança suprema pode abrir suas pétalas e florir.

91

À medida que o amor se torna mais sutil, ganha poder. Quanto mais profundo for ao fundo do seu coração, você descobrirá que está se erguendo em amor. Finalmente, você alcançará o estado de total identificação com o amado onde você perceberá que não estão separados. Isso é quando você se torna uno. É a etapa suprema, e o pico do amor verdadeiro. É aí que o amor deve começar a nos tomar.

92

Somos todos a materialização do Amor Supremo. O amor pode ser comparado a uma escada. A maioria das pessoas fica no degrau inferior. Não fiquem aí. Continuem a subir, um degrau por vez. Suba do degrau mais baixo até o mais alto, do nível da emoção até o mais alto estado do ser, a mais pura forma de amor.

93

O verdadeiro amor é a forma mais pura de energia Nesse estado, o amor não é uma emoção; é um fluxo constante de consciência genuína e de poder ilimitado. Esse tipo de amor pode ser comparado a nossa respiração. Você nunca diz: "Só irei respirar diante da minha família e de meus parentes e nunca diante de meus inimigos ou daquelas pessoas que odeio". Não. Onde quer que você esteja, seja lá o que estiver fazendo, a respiração apenas acontece. De maneira similar, o verdadeiro amor se doa a todos, sem qualquer diferença, sem nada esperar como retorno. Torne-se um doador e não um tomador.

94

É o cuidado e a paciência que mostramos nas pequenas coisas que nos levam a grandes realizações. Se você tiver paciência, então também terá amor. A paciência leva ao amor. Se forçar a abertura das pétalas de um botão de flor, não poderá desfrutar de seu esplendor e de seu perfume. Apenas quando ela desabrochar naturalmente a sua beleza e fragrância se revelarão. Da mesma forma, é preciso ter paciência para desfrutar a beleza da vida.

95

O brinco, as pulseiras, o adorno de nariz e o colar - na essência, todos são apenas ouro; apenas a aparência é diferente. De forma similar, é um Deus único e que a tudo permeia que aparece como este mundo diverso de nomes e formas. Quando compreendemos autenticamente esta verdade, ela se reflete em todos os nossos pensamentos, palavras e ações como amor, compaixão e abnegação.

96

Conceder ajuda sem esperar nada em troca é a assistência verdadeira. É o poder que sustenta o mundo. Amar e servir com dedicação podem ser comparados a um círculo, pois um círculo não tem início nem fim. O amor não tem um início ou um fim também. Por meio do serviço desinteressado, podemos construir uma ponte de amor para nos reunir a todos.

97

Nenhum trabalho é insignificante ou sem sentido. A quantidade de amor e consciência que você coloca em seu trabalha o torna significativo e belo. A graça flui ao trabalho feito com humildade. A humildade o infunde com doçura.

98

Como o amor, a entrega não pode ser estudada ou aprendida nos livros, com uma pessoa em particular ou em uma universidade. A entrega surge com o crescimento do amor. De fato, os dois crescem simultaneamente. Em última instância devemos nos entregar ao nosso próprio e verdadeiro Ser Superior, mas a entrega requer muita coragem. Precisamos de uma atitude ousada para sacrificar nosso ego. Isso requer acolher e aceitar tudo sem qualquer sentimento de sofrimento ou desilusão.

99

O intelecto e o coração devem andar juntos, como um só; então, a graça de Deus fluirá a nós e nos concederá alegria em nossas vidas.

100

Precisamos amar a Deus a fim de progredir no caminho espiritual. O amor por Deus não é simplesmente como o amor por uma pessoa, uma imagem ou um ídolo. É o início. O amor verdadeiro por Deus é amar todos os aspectos da criação enxergando a divindade em tudo e todos.

101

Se você observar um ferreiro trabalhando, verá que ele aquece e derrete uma vara de ferro e depois bate nela com um martelo para criar a forma desejada. Assim como a vara de ferro precisa ser fundida, permita que o Guru derreta seu coração com amor e depois o molde com o martelo do conhecimento.

102

Apenas aqueles que tenham recebido amor podem dar amor. O coração das pessoas que nunca receberam amor estará sempre fechado. Elas nunca poderão receber ou dar amor. É muito importante que os pais deem amor aos pequenos.

103

Alguém que é capaz de amar a todos igualmente é aquele que verdadeiramente ama a Amma.

104

Quando compreendermos como nossos apegos ao mundo são banais e como o amor de Deus é sublime, poderemos abrir mão de todos os apegos. É como as flores na árvore que estão definhando para que a árvore possa dar frutos. Quando o fruto começa a crescer, todas as flores automaticamente caem.

105

O amor que você sente é proporcional ao amor que dá.

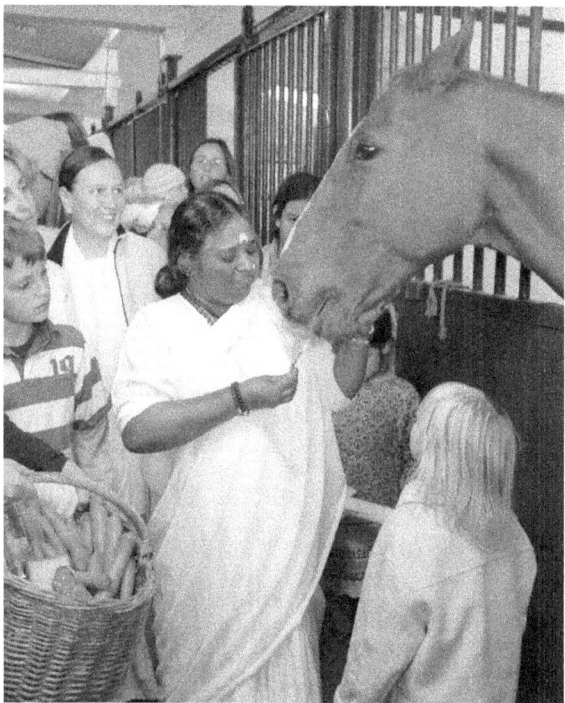

106

Filhos, todo o amor que o mundo oferece ao final levará ao sofrimento. Não existe amor desinteressado neste mundo. Acreditamos que teremos a felicidade por sermos amados pelos outros, mas a felicidade não está em qualquer objeto. Ela vem de dentro de nós mesmos. A verdadeira felicidade e a paz eterna surgem apenas do amor divino, e este amor divino apenas surge quando enxergamos a totalidade da criação.

107

O ego pode ser quebrado apenas por meio da dor do amor. Assim como uma planta pode brotar apenas quando a casca externa da semente se quebra, assim também, o Ser Superior desabrocha quando o ego se quebra e desaparece. Quando uma atmosfera condutiva é criada, a árvore em potencial dentro da semente começa a sentir o desconforto de estar aprisionada sob a casca. Deseja vir à luz e ser livre. É o intenso impulso da árvore adormecida interiormente que rompe a casca e faz com que se abra. Há dor nessa quebra, mas essa dor é nada em comparação à gloria da árvore manifestada. Após o surgimento da planta, a casca torna-se insignificante. De forma similar, após se alcançar a Autorrealização, o ego perde todo o significado.

108

O amor puro, abnegado e imaculado é a ponte para Deus.

www.ingramcontent.com/pod-product-compliance
Lightning Source LLC
Chambersburg PA
CBHW070608050426
42450CB00011B/3019